獅子吼ゆるごとく

―ビハーラに生きＡＬＳと歩む僧侶の記録―

深水正道
Fukamizu Shodo
深水顕真
Fukamizu Kenshin

獅子吼ゆるごとく

―ビハーラに生きＡＬＳと歩む僧侶の記録―

深水正道
深水顕真 著

はじめに

いまから思い起こしてみれば、二〇一七（平成二十九）年の一月ごろが父の病気のはじまりだったと思います。七十五歳を超えて老いが目立つようになりましたが、このころから立ったり歩いたりする姿に、変化が現れてきました。最初のうちは、加齢に伴うものであろうと思っていましたが、その症状は次第にひどくなってきました。そして、さまざまな検査の上で、ＡＬＳ（筋《きん》萎縮《いしゅく》性《せい》側索《そくさく》硬化《こうか》症《しょう》）という診断がつきました。

精密検査を行った病院の担当医から病名を告知されたときの様子を、今でもはっきりと覚えています。家族がみんな呼び出され、担当医だけではなく、研修医や看護師が取り囲むなかで、その病名は告げられました。治療方法のない難病のなかでも、特に重篤《じゅうとく》とされるＡＬＳですから、担当医や病院スタッフはそれなりに気をつかわれたのでしょう。しかし、そうした緊張感のなかでの告知でしたが、本人も家族も「そうなのか」という拍子《ひょうし》抜けするような反応でした。

その理由の一つは、ＡＬＳについて十分な知識が、そのときにはなかったことがあります。それとともに、私たち家族みんなが、母の胃がんを共に過ごしたという経験がありました。「死」を意識せざるを得ない病気ではありますが、決してそれは行き止まりの絶望ではなく、誰もが通る人生の通過点であるということがわかっていたからだと思います。さらに、浄土真宗のみ教えがこれからの支えとなることもわかっていました。

ＡＬＳの発症から病気は着実に進行してきました。しかし、家族の生活は驚くほど日常のままです。ほぼ毎日のように病院を訪れ、食事や身体介助などをこなしていますが、少々のわがままや不満も抱えながら、自然な毎日を過ごしています。

確かに病気はつらく苦しいものです。言うまでもなく、浄土真宗の教えは魔法のように病気を治してくれるものではありません。しかし私たちの前には、親鸞聖人が歩まれた道があり、お念仏をいただいた母が歩んだ道があります。往くべき道があることを、父も、そして私たち家族も、ありがたく受け止めています。

この度、この本のなかで、父と母、二人の病気を抱えての歩みを振り返らせていただくことができました。第一章から第四章までは、父・正道《しょうどう》の闘病記や講演録を、第五章は、母・洶子《きょうこ》の闘病の経過とともに、そのときやその後の思いを、息子である私・顕真《けんしん》がつづったものです。浄土真宗のみ教えを道しるべに、どのような道を歩んでいるのか、読者の皆さまにお伝えできれば幸いです。

二〇一九年二月

顕真 記す

獅子吼ゆるごとく　―ビハーラに生きＡＬＳと歩む僧侶の記録―

目　次

本文中、『浄土真宗聖典（註釈版）第二版』は『註釈版聖典』と略記しております。

第一章　難病ALSと生きる

深水正道

2018年1月31日、
ビハーラ花の里病院法話会にて

十万人に一人の難病

安芸門徒の地である広島の寺院の年末は、まさに「師走《しわす》」の名にふさわしい忙しさです。親鸞聖人の遺徳をしのび、一年を締めくくる報恩講が、家庭や寺院でつとめられます。

私は、龍谷大学を卒業し、布教使の資格を取得しました。そして、自坊である専正寺《せんしょうじ》に帰って以来半世紀以上、住職として、布教使として、この「師走」を過ごしてきました。しかし、二〇一七（平成二十九）年の年末、私にはその忙しさはありませんでした。現在、病院と自宅での日々を過ごしています。

私はいま、十万人に一人から二人が発症するといわれている、筋萎縮性側索硬化症（ALS）という国指定の特定疾患（難病）を得て、その病気と共に生きています。テレビの「クイズダービー」の有名な解答者であった篠沢秀夫さんが秋に亡くなられましたが、彼の病気がこのＡＬＳです。

この病気は、脳の命令を筋肉に伝える運動神経に炎症が起きる病気で、次第に運動神経が機能しなくなって、全身の筋肉を動かすことができなくなります。筋力の低下は手足だけではなく、最終的には自発呼吸ができなくなってしまいます。進行の度合いの個人差は大きく、通常は一、二年で自発的な呼吸ができなくなりますが、発病から二カ月で死亡に至る場合もあれば、十年以上にわたってゆっくり進行する場合もあるようです。

私の場合はその進行が早く、二〇一七年の春ごろに発症して、この年末には手足を動かすことが困難になっています。ｉＰＳ細胞などを活用して原因究明と治療薬の開発が行われていますが、現在のところ、原因も治療法もわかっていません。患者は摂食《せっしょく》や呼吸の障害を解消し、余命を少しでも伸ばすため、胃ろう手術や人工呼吸器を装着する場合もありますが、私はそれらの治療を希望していません。筋力が低下し、日々死へと近づく毎日ですが、淡々と病気の進行を受け止めていきたいと思っています。

病を得て

発病は突然です。二〇一七年の初めから、これまでにない腰痛《ようつう》を感じていました。七十五歳を超え身体の衰えを感じていましたので、特段の違和感はありませんでした。しかし、腰痛はだんだんとひどくなり、体の前で何かを持ち上げることが難しくなりました。いくつかの整形外科を受診しましたが、レントゲンやCT画像などからは問題は指摘されません。そこで、前からビハーラ活動などでお世話になっていた、広島県三次市にあるビハーラ花の里病院の理事長（当時）である、和泉唯信《いずみゆいしん》先生を受診したのです。

和泉先生は、同じ浄土真宗本願寺派備後教区《びんごきょうく》三次組《みよしそ》の法正寺《ほっしょうじ》住職であるとともに、神経内科の専門医で、徳島大学の臨床教授としても活躍されている方です。ここで、身体を動かすことが難しいのは何らかの神経疾患《しっかん》によるものである、との診断をいただきました。このあと、さまざまな精密検査を重ねることで、七月ごろにALSであるという確定診断を受けました。

確定診断を受けてからは、病状が一週間単位で進行しているように思えます。最初は通院も自分の足で、車も自分で運転して通っていました。しかし、だんだんと歩行が難しくなり、左手の麻痺《まひ》からハンドル操作も難しくなっていました。しだいに運転に危険を感じるようになり、通院には家族の協力が必要となってきました。

また九月ごろからは、二階の自室への階段を上がることが困難になり、介護用の電動ベッドを一階に設置して、寝起きするようになりました。そして年末からは、食事・着替え・トイレなど生活のあらゆる面で、家族や介護者の手助けが必要となっています。移動には車いすも欠かせません。

「生かされている」と感じる日々

病気となって初めて気づくこともあります。私は僧侶として、布教使として、食事のマナーには人一倍、気をつけてきました。食事の姿勢・箸使《はしづか》い・食べ残しなど、誰からも非難されないように心がけてきたつもりです。しかしいまの私は、これまでできていたことが少しずつできなくなっています。腕や指先の力が落ちているため、箸や金属のスプーンは重たくて持ち上げることができず、コンビニの使い捨てプラスチックスプーンを愛用しています。小さなスプーン一口分も持ち上げることが難しいので、口で迎えにいくこともしばしばです。

また、お米の粒などが茶碗に残ってしまいます。いままでは眉をしかめていたことを、私自身がしています。しかし、それがいまの私であることも事実です。

身だしなみについても限界を感じています。現在、腕の筋肉はほとんどなくなり、左肩は亜脱臼《あだっきゅう》の状態です。何かを持ち上げるだけではなく、自分の腕自体も持ち上がりません。そのため、着替えで袖を通すことやシャツを引き下げる動作には、介助が必要です。服装自体も、できるだけ脱ぎ着がしやすいものを選んでいます。最もプライベートな場であるトイレや風呂での介助には抵抗がありますが、致し方ありません。

介護を手助けしてくれるさまざまな器具にも限界があります。現在、私が使っている電動ベッドは、背もたれが八〇度程度しか立ち上がりません。いままでであれば、あと一〇度は腕で上半身を引き上げて座っていたわけですが、腕の力がないためにそれができません。わずか一〇度、距離にして二〇センチほどがどれほど遠く感じられるか。ときには、夜トイレに行くために一時間以上頑張り、最後には携帯電話で家族を呼び出して手伝ってもらっています。わずかなことであっても、自分一人ではできません。「生かされている」という言葉を、いま私は心の底から感じています。そして、この状況は悪化することが確実であり、改善することは望めません。

有無をはなると

これまで、私は僧侶としてたくさんの場所で、仏教の教えをお取り次ぎしてきました。二〇一四（平成二十六）年一月には、京都・西本願寺での御正忌報恩講特別講演にも、出講させていただきました。そこで讃題《さんだい》にいただいたのが、仏教の基本である三法印《さんぽういん》の一つ、「諸行無常」という言葉です。十四年前に五十八歳で往生した妻の病気の経過を辿《たど》りながら、すべてのものはそのままではない、常に移ろい、儚《はかな》いものであるという、仏教の根幹をなす教えをお取り次ぎしました。

私はこの病気になって、諸行無常をわが身で直に感じています。昨日できたことが、今日はできません。手をいすのひじ掛けに置くだけでもたいへんです。わずかなことではありますが、そのままではないということを、あらためて実感しています。さらに、腕を持ち上げることだけでも、多くの筋肉や神経の働きがあってのことだということが実感できます。それらが、いまどんどんと壊れていますが、一方で、まだまだ頑張ってくれてもいます。そして、手足は動かなくても、まだ話すこともご飯を食べることもできます。

かつてお参りした法事の席で、参列者の一人から、私は「先生、結局、人間死んだらゴミになるんじゃありませんか?」と問われたことがあります。果たして、死んだらゴミになるのでしょうか。ゴミになるぐらいの一生涯ほど悲しいものはありません。仮にゴミになるのだとすれば、この人生はまったく無駄なものとなってしまいます。さらに言えば、いまの私を支えてくれるすべてのもの、頑張っている筋肉、家族や介護の人々、それぞれの行為が無駄となります。

私は現在、左側の麻痺が進行しています。ほとんど動きません。こうした状況になったとき、私たちはどのように考えるでしょうか。

「左がダメになった。もう私の人生もおしまいだ……」

私はそのようには考えません。亡くなられた篠沢さんも、「痰《たん》が詰まると苦しいけど、それをとってもらったら気持ちいい」と、プラス思考の言葉を残しておられます。

私もいま、リハビリに取り組むなかで、「なぜ左手が動かないのか」とマイナス思考は取らないようにしています。「何ができるだろうか」「工夫ができないか」と、そうしたプラスの思考によって、できたときの喜びを感じることができます。

そして、その喜びの向こう側には、阿弥陀さまがおられます。お念仏があり、み仏があり、大悲があり、浄土があります。それは、親鸞聖人が『浄土和讃』に、

有無《うむ》をはなるとのべたまふ　（『註釈版聖典』五五七頁）

と示されたように、阿弥陀さまの光を受けたものが、現世を超えたものを依りどころに生きる心境でもあります。

命の帰る家がある

親鸞聖人は、その生涯を通して、「命の帰るところはどこだろうか？」ということを私たちに伝えてくださいました。

普段の生活や仕事すべてにおいて、帰るべきわが家がなければ安心していることができません。帰るべきわが家があるから、しっかりと頑張ることができます。そして、命が帰るべきところを求められたのが親鸞聖人です。「正信偈《しょうしんげ》」をはじめとする多くのお聖教《しょうぎょう》を通して、私たちの帰るべき場所は浄土であるとお示しくださいました。しかもそれは、私たちが「帰りたいと願う場所」ではありません。「無量寿《むりょうじゅ》」という果てしない大きな仏が、「帰って来てくれ」と私たちに願われた家です。

私の妻であった洵子は、往生する二日前、ビデオカメラに向かって、「一足お先に参ります」というメッセージを残してくれました。念仏をいただき、同じ道を歩んだ妻の言葉が、いま私の心に響きます。

私は、この帰るべきわが家、お浄土があることをひたすらに喜ばせていただいています。仏さまに願われ、同じ浄土につながる命であるからこそ、困難であっても無駄な命ではないと思っています。

いつもビハーラの心のなかに

このように、病気を抱えた私の心の日常を、親鸞聖人のみ教えは支えてくださっています。その支えは心の面だけではなく、ビハーラの精神として、身体的生活の支えともなっています。前述したように、私の主治医である和泉唯信先生は本願寺派の住職で、ビハーラ花の里病院の理事長でもあります。この病院は、先代の法正寺住職・和泉慧雲《えうん》師が、医療と仏教の融合を目指す、ビハーラ活動の精神を実践する場所として設立されました。これまでこの病院で、私は仏教婦人会の会員といっしょに、ボランティア活動などのお手伝いをしてきました。

現在は患者の立場になりましたが、私はいま、和泉先生の目指すビハーラの心のなかにどっぷりとつかっています。直接、私を担当してくださる織田《おだ》医師・宮本看護師・山平ケアマネージャーなどスタッフの皆さんは、治療方法のない難病の私に寄り添って、いまを生きる仲間となってくださっています。お互いに時間のあるときは、患者と病院スタッフという立場の違いはありますが、私の病室で一緒にコーヒーを楽しんでいます。こうした人たちとの出会いも、残りの人生を無駄なものにはさせないという、阿弥陀仏の大きなはたらきでもあると思っています。

確かに、私がいま抱えている病気はたいへんな難病です。そして、すでに困難な現在の病状は改善する望みはなく、進行し、悪化するばかりです。遠くない将来には、身体が動かなくなり、呼吸も難しくなるでしょう。しかし、私にはお念仏があります。心身の援助をしてくれる家族と仲間がいます。そして、帰るべきお浄土があります。だからこそ今日一日をプラスに、無駄にせず生きていきたいと思っています。それは、一九七三（昭和四十八）年に、本願寺第二十三代・勝如《しょうにょ》上人がお示しくださったお言葉のとおりです。

念仏の道は「おかげさま」と生かされる道であり
「ありがとう」と生きぬく道であります
（「親鸞聖人御誕生八百年・立教開宗七百五十年慶讃法要　御満座の消息」）

第二章 「ありがとう」と生きぬく

深水正道

家族との団らんのひととき

お見舞いをいただいて

二〇一八（平成三十）年一月になり、先に掲載した講演録について、これまでに多くの反響をいただきました。広島のローカルニュースや新聞でも取り上げていただき、ALSという難病のことや私のいまの思いを、たくさんの方にお伝えできたことを幸いに思っております。また、ご門徒や寺院関係者のみならず、突然の旧友の訪問もあり、たくさんのお見舞いにびっくりもしております。いままでお見舞いをする立場から、される立場に変わったことで、さまざまな気づきもいただきました。ある方からいただいたお手紙には、次のような一文（要約）があります。

「新聞の記事を読んで、いまの自分の幸福度をあらためてありがたく思いました。家族皆元気で風邪すらひいていません。思ったとおりの毎日とはなかなかいきません。しかし、そんなことはちっぽけなことなんだと…」

何らかの形で力づけることができたという反面、苦笑《にがわら》いもしてしまいます。かくも人間の苦悩というものは相対的なものなのだと、つくづく感じています。いま抱えている苦悩が、他人との比較のなかで大きなものとなったり、小さなものとなったり。この方以外にも、多くの方から「かわいそう」というお見舞いの言葉をいただきました。

そうした言葉に対してありがたいという思いはあるのですが、いま一つピンとこないのも正直なところです。確かに大きな病気を得て、体が動きにくくなりました。さらに、進行性のこの病気は症状が悪化するばかりです。私の過去や未来と、さらにお見舞いの方それぞれの状況とを比較するからこそ、「かわいそう」というお気持ちになるのでしょう。しかしそうした過去や未来は、いまの私とは直接の関係がありません。いまの私は、なにものと比べることもなく、この瞬間を生きぬいているだけです。それは何かの境地といった立派なものではなく、単に一日を精いっぱい生きているだけです。あえて言うならば、「かわいそう」と思える余裕もないのかもしれません。

私自身がこれまで、病者の視点に立つことはできませんでした。たぶん、前述の方々のようなお見舞いを重ねてきたのだと思います。しかし、この病を抱えてみて、いまを生きることの大切さがよくわかってきました。それは「不幸」でも「かわいそう」でもなく、私の命の歩みであるということが。

病状の進行

繰り返しになりますが、私の経過を少し説明させてください。

二〇一七(平成二十九)年春ごろから腰や足に違和感があり、最初は整形外科を受診していました。しかし改善が見られないため、ビハーラ花の里病院の和泉唯信先生を受診し、結果的に七月ごろにALSの診断をいただきました。それ以降はどんどんと筋力が低下し、三月現在では、胸・腹・腰などの体幹《たいかん》に加え、手足もほとんど動かすことができなくなりました。幸いにも指先と首から上の機能は残っているため、コンピューターの操作や、食べること、話すことなどは可能です。この文章は、私が話したものを長男がまとめてくれました。しかし、こうした機能も次第に低下することは避けられないようです。

年が明けて、トイレが大きな課題となってきました。膝に力が入らなくなることがしばしばで、両脇を家族やヘルパーの方に抱えてもらっても、便座へ移乗することが難しくなってきました。すでに、何度かはその場に倒れてしまい、大騒ぎとなったこともあります。自分自身も、この状況には情けない思いが湧き出しました。結果として、病院にいるときは二人体制で介助していただき、夜間はベッド脇のポータブルトイレを使用するようになりました。また、訪問介護や病院との話し合いのなかでは、尿道カテーテルやオムツの使用などが話題となっています。しかし正直なところ、トイレの件はいまだ受け入れ難いものがあります。

心のどこかに、念仏者の往生の姿は何か美しいものであるような理想像を持っていました。それは、『御伝鈔《ごでんしょう》』の親鸞聖人ご往生の記述に、

口《くち》に世事《せいじ》をまじへず、ただ仏恩《ぶっとん》のふかきことをのぶ。声《こえ》に余言《よごん》をあらはざず、もつはら称名《しょうみょう》たゆることなし。（中略）つひに念仏《ねんぶつ》の息《いき》たえをはりぬ。

（『註釈版聖典』一〇五九頁）

とあるような、念仏の息が次第に小さくなっていく姿です。しかし、現実はそ

れを許してくれません。汚く、異臭を放つ姿があります。そしていまの私は、その姿でお念仏をいただいています。

煩悩と苦悩に届くもの

私たちは幸せになりたいと思っています。その幸せを思う背後には苦悩があります。そして苦悩は、私たち人間が抱える煩悩から生み出されてきます。少しでも良い生活がしたい。健康で長生きがしたい。そうした煩悩が欲望となり、現実を少しでも変えようとします。確かに医学や政治や経済は、こうした人間の欲望に満足を与えようとします。しかし、いくら欲望を満たしても、それは本当の満足とは言えず、あらたな欲望がわき上がってきます。

さらに、人間は生死《しょうじ》という大きな苦悩も抱えています。生まれたかぎり、死ななくてはなりません。これは、医学も政治も経済も解決を与えてくれません。

私はいま、この病気、ＡＬＳという大きな苦悩を抱えています。残念ながら、現在の医学はこの病気の治療法を与えてくれません。また仮に、医学がこの病気を克服したとしても、新たな病気や苦悩が首をもたげてきます。そして、死に向かう苦悩とそれを避けようとする煩悩には、人間のどのような働きも解決を与えることができません。

親鸞聖人は、そうした苦悩と煩悩を抱える私たち人間は、そのままの姿が阿弥陀仏の救いのめあてであるとお示しくださいました。

釈迦《しゃか》の教法《きょうぼう》おほけれど
天親菩薩《てんじんぼさつ》はねんごろに
煩悩成就《ぼんのうじょうじゅ》のわれらには

弥陀《みだ》の弘誓《ぐぜい》をすすめしむ　（『註釈版聖典』五八〇頁）

私は病気を抱え、身体も思うように動かず、排せつも自分では解決できません。この状況をときには情けなくも思います。病気は進行する一方であり、その状況は悪化しつつ、確実に死に向かっています。本音のところでは死にたくはありません。

そんな苦悩と煩悩を抱えている私にこそ、阿弥陀さまの救いは向けられているのだと、この『高僧和讃』ではお示しくださいます。念仏をいただき、この和讃をいただくたびに、いまの私に阿弥陀仏の大きな慈悲が向けられていると感じずにはおられません。

念仏者の生き方

ところで、浄土真宗本願寺派において大きなテーマとなっているのが、「念仏者の生き方」という言葉です。これは、二〇一六（平成二十八）年に、専如《せんにょ》ご門主の伝灯奉告法要《でんとうほうこくほうよう》におけるご親教《しんきょう》で示されたものです。これまで、念仏をいただいたものはただ感謝して生きれば良いのだといった、偏った解釈がありました。それに対して、このご親教では、

仏さまのお心にかなう生き方を目指し、精一杯《せいいっぱい》努力させていただく人間になるのです。

と、み教えに出遇《であ》ったものとしての生き方をお示しくださっています。そして

本願寺派では、実践運動として被災者支援やビハーラ活動などの取り組みがなされています。では私は、病を抱えてどのような生き方ができるのでしょうか。

この病気を抱えていま一番感じることは、人からいただくおかげのありがたさです。家族をはじめ、病院や在宅の医療・介護スタッフが、私の病気のために手を差しのべてくれます。病気にならなくては、これらのおかげに、本当には気づくことができなかったかもしれません。

二〇一七（平成二十九）年十月には、長男や孫とともに初めてマツダスタジアムに行き、クライマックスシリーズを観戦することができました。あまり野球に興味がなかった私ですが、車いすで初めて入ったマツダスタジアムのきらびやかさや、クライマックスシリーズの興奮を、いまでも思い出すことができます。チケットの入手、移動、食事、そしてトイレ。何一つ自分ではできない状況でしたが、二人が協力して手助けをしてくれました。

また普段の生活は、寺で同居する長男家族だけではなく、次男家族もときには泊まり込みで手伝ってくれます。インターネットのビデオチャンネルの手配や、声だけで電話の発信ができるＡＩスピーカーなど、機械好きの私にぴったりな心配りもしてくれます。それ以外にも深夜の訪問介護など、ケアスタッフの皆さんにたくさんの支えをいただいています。

「ありがとう」と生きぬく

支えられ、おかげをいただくばかりの生活ですが、私には「念仏者の生き方」として、なにができるのでしょうか。二〇〇三（平成十五）年に、五十八歳でスキルス性の胃がんで往生した妻は、同じくがんで往生された、真宗大谷派の坊守《ぼうもり》・鈴木章子《あやこ》さんの「見直し人生」という言葉を、好んで口にしていました。がんという病が人生を見直すきっかけであると、肯定的に受け止める生き方です。私にとっても、ＡＬＳが人生を見直すきっかけとなっています。

これまで私は住職として、そして布教使として、少しでも立派なお取り次ぎをすることを目標としてきました。それが人生の生きがいでもありました。しかし、いまはそうした役割を十分に果たすことができません。それでは生きている意味がなくなったのでしょうか。そのことをあらためて見直させてくれたのが、この病気です。何も立派なお取り次ぎはできなくとも、お念仏とともに生きることが、いまの私にできることです。

本願寺第二十三代ご門主であった勝如上人は、

念仏の道は「おかげさま」と生かされる道であり
「ありがとう」と生きぬく道であります

と、「親鸞聖人御誕生八百年・立教開宗七百五十年慶讃法要　御満座の消息」でお示しくださいました。多くの「おかげさま」をいただき生かされるのが、いまの私の姿であり、「ありがとう」と生きぬくのが、私にとっての「念仏者の生き方」となっています。

私はいま、子や孫、医療・介護スタッフなど、多くの人の支えのなかに生かされています。あたかもそれは、大きな川の流れをいただいたような状態です。このいただいたものに感謝するだけでは、その流れをせき止めてしまいます。立派なこと、十分なことはできません。残された時間はわずかです。病気や死は、完全に心から受け入れられるものでもありません。しかし、たとえ汚物にまみれ異臭を放ってでも、「ありがとう」と生きぬく姿を、子や孫に伝えていきたいと思っています。それが、私にとっての「念仏者の生き方」なのです。

第三章 ほんものの救い

深水正道

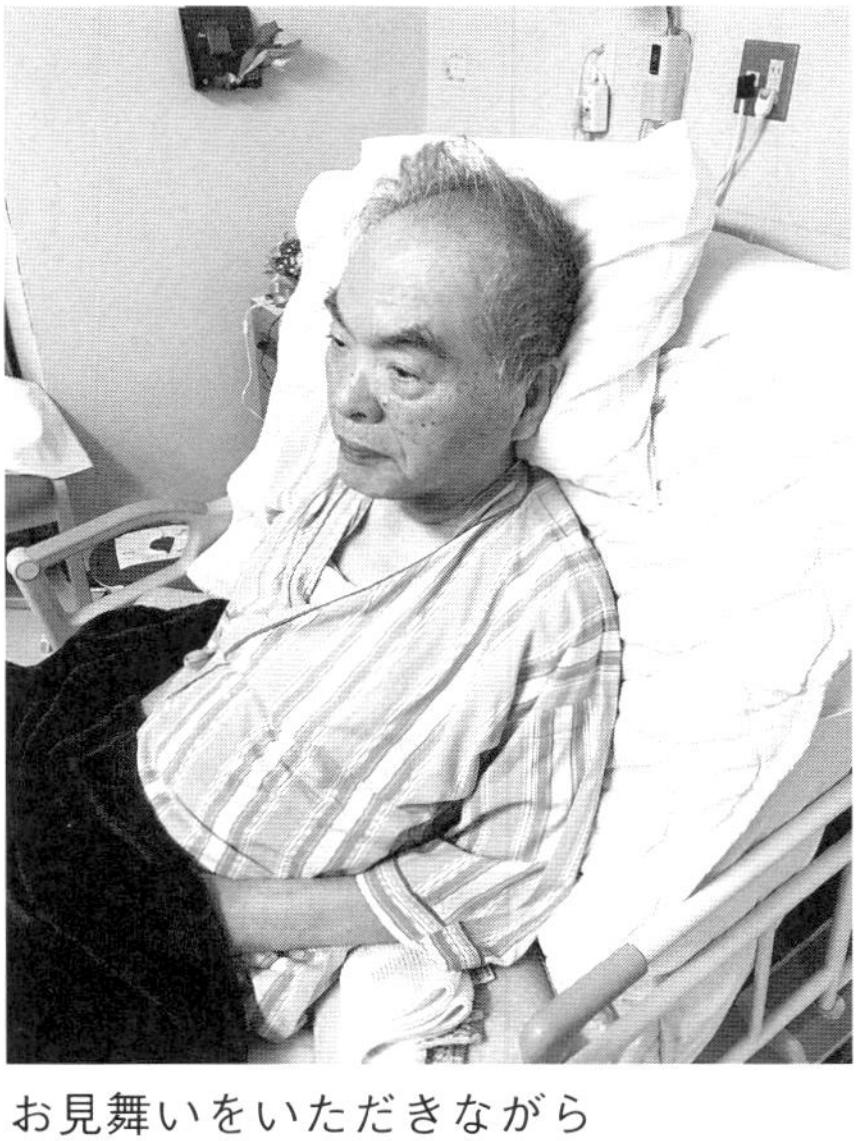

お見舞いをいただきながら

ベッドの上で聞こえてくるもの

病院のベッドの上で寝ていると、いろいろな音が聞こえてきます。床頭台《しょうとうだい》の上のテレビから流れる、退屈なワイドショーの音。隣の部屋の声。廊下《ろうか》から病院スタッフの足音やワゴンの音。そして医療機器の電子音。これらの音は、一日ベッドの上で目を閉じて過ごす、私の耳に自然と入ってきます。いまの私にとっては、これらの音が周囲との接点となっています。なるほど耳の感覚は最後まで残っていくものなのだ、と実感しています。

二〇一七（平成二十九）年の初めから私が罹患《りかん》しているALSは、残念ながら現在の医学では治すことはできず、症状に応じた対症的な治療しかできません。ベッドの上で一日を過ごし、食事もトイレも介護の方にすべてお任せしなければ何もできない状況です。指先の力もどんどんなくなっています。

ナースコールは、触れれば鳴る特殊な形状のものに、一日中、手を乗せており、ベッドのリクライニングは、ほとんど操作することができません。テレビのリモコン操作や家族との連絡メールには、枕もとのスマートスピーカーが便利です。声の操作で、テレビのチャンネル操作やLINEメールの発信ができますが、ある程度はっきりと声を出さないといけないのが、発声や呼吸が弱まりつつあるなかで少々厄介《やっかい》です。

介護のなかで生きる日々

各種の医療機器、病院のスタッフや、ほぼ毎日訪れてくれる家族のおかげで、不自由なりになんとか毎日を過ごしていますが、いま最大の悩みは、背中が蒸れてかゆいことです。運動神経は侵されていますが、感覚神経はこれまでと変わりません。些細《ささい》なことと思われるかもしれませんが、身体を動かすことができない私にとっては大きな苦痛です。そして、いま一番の楽しみは、長男や次男が訪問してくれるときに、蒸しタオルで背中をこすってもらうことです。その気持ち良さは言葉に表すことができません。

自分でできれば何の問題もないのですが、わずかなことでも人に頼むとなると気をつかいます。病棟の看護・介護の職員さんには、食事やトイレ、入浴で日常的にお世話になっており、常に忙しくされていることもわかります。そこで、家族に背中をこすってもらうのですが、それも気をつかいます。身長が一八〇センチもある長男でも、全身の力を込めて、片手で身体を支え、片手でこすっているのがわかります。長男でもそれだけ力がいるのですから、若坊守や孫が一人で来たときはお願いできません。またときには、微妙な空気感のなかで嫌がっていることも感じます。確かに仕事で疲れた夕方に、毎日のように親の面倒を見ることはたいへんでしょう。しかし、背に腹はかえられません（文字どおり背中の問題です）。

念仏して救われる？

こうした日常のなかで、これまで布教使として、また住職として、お取り次ぎをしてきたお念仏の教えが、私をどのように支えてくれているのか、自問・自答している毎日です。言うまでもなく、念仏を称えることで、私の病気がまるで魔法のように消えてなくなることはありません。一方で、念仏をいただいていると、日常のなかで感じるさまざまな空気、ときには怒りや妬《ねた》み、嫉《そね》みを感じなくなるのかと言えば、そのようなこともありません。

時間が経過していくなかで、身体的な状況はさらに悪化していくでしょう。

身体の運動機能を失うだけではなく、ときにはいま、私の世話をしてくれている病院や家族から見捨てられるのではないかという、根拠のない不安が襲ってくるときもあります。そうした不安のなかで、最後の、そして唯一の救いとなってくれるのが、お念仏の救いです。

聞くことはすなわち信心

浄土真宗のお念仏は、自らが称えて救われる念仏ではありません。阿弥陀さまの「必ず救う、われにまかせよ」との願いが私の口からあふれるのが、お念仏です。そこには、一切の自分のはからいはありません。親鸞聖人は、

きくといふは、信心《しんじん》をあらはす御《み》のりなり。

（『一念多念文意』、『註釈版聖典』六七八頁）

と、聞くことこそが他力の信心であるといわれています。従来浄土真宗では、この阿弥陀さまのはたらきを「聞即信《もんそくしん》」と表現してきました。

ではなぜ、聞くことが他力であるといえるのでしょうか。カナダの英文学者で、メディア論で有名なマーシャル・マクルーハンは、

耳は人間の感情生活と密接に結びついている。

（『マクルーハン理論』三五頁、サイマル出版会）

と述べています。なぜなら、他の四つの感覚、視覚・触覚・味覚・嗅覚《きゅうかく》は、すべて自分の意思で働かさなくてはならないのに対して、聴覚だけは感情の領

域にあって、意思がなくとも、音が向こうから自ずと入ってくるからです。確かにベッドの上で目を閉じるだけで、さまざまな音が向こうから聞こえてきます。臨終の状況でも耳だけは生きているといわれるのは、こうした理由からかもしれません。

二〇一八（平成三十）の九月末ごろ、夜中に容態が急変したことがありました。多分、痰が気管に詰まったのでしょうが、自分ではどうすることもできません。苦しくなる呼吸のなかで、何とかナースコールを押して助けを呼びました。酸素マスクがあてがわれ、気管からは吸引が行われました。病院から呼び出され家族が駆けつけたのですが、呼吸が苦しく、十分な反応ができません。しかし幸いにも、そのときには応急の措置が功を奏して、一命を取り止めました。そうした苦しい時間でしたが、耳から入ってくる音だけは、ずっとはっきりしていたのが印象的です。確かに死の間際まで、音だけは私の意思を離れて向こう側から入ってきます。

一心不乱に仏に向き合い、祈りをささげるような救いであるなら、いまの私は、そこからこぼれ落ちてしまいます。しかし、他力のお念仏の救いは私の意思に関係なく、向こう側から私を救い上げてくださいます。手をあげて合掌することも、「正信偈」をおつとめすることもできない私ですが、念仏の救いは阿弥陀さまの側から私に届いてくださいます。

蓮如上人は、

仏法《ぶっぽう》は聴聞《ちょうもん》にきはまることなり

（『蓮如上人御一代記聞書』第百九十三条、『註釈版聖典』一二九二頁）

とお示しくださいました。これまでは、私は布教使や住職としての経験から、この「聴聞」とは「お寺の法座に参ること」と安易にとらえてきたかもしれません。しかしいまの私は、この「聴聞」とは「聞こえてくるもの」「届けられるもの」と理解しています。そしてベッドの上の私だからこそ、「聴聞」のありがたさがよくわかります。

最後まで残る救い

この病気になる前、私の趣味の一つが映画を鑑賞することでした。大好きだったアクション映画の一つに、『ラストマン・スタンディング（LAST MAN STANDING）』というものがあります。黒澤明監督の作品である「用心棒」へのオマージュ（尊敬を込めた作品）として製作されたギャング映画ですが、西部劇などでもよく使われるこのタイトルのセンテンスが、ずっと私の心に残っています。

直訳するなら「立っている最後の男」ということですが、映画などでは文脈から、「どんなことがあっても倒れない最強の男」とか、「本物の男」という訳文が当てられます。このタイトルの「MAN」を「救い」と置き換えたら、どうでしょうか。少し意訳を加えるなら、「どんなことがあってもなくならない最強の救い」「本物の救い」とすることができます。最後に残る浄土真宗の念仏の救いとは、まさにこの「最強の・本物の救い」だといえます。

いまの私は、日々あらゆるものを失っています。健康を失い、運動の能力を失い、残された時間もごくわずかです。そのような日々のなか、浄土往生について一切の心の揺れがないかというと、ウソになります。しかし、私のはからいを離れたところで、お念仏の救いだけは、最後の、唯一の救いとして私のなかに届けられています。

「最後まで残る救い」だからこそ、「最強の・本物の救い」である。この思いがいまの私を支えています。

第四章　家族を看取るなかで

深水正道

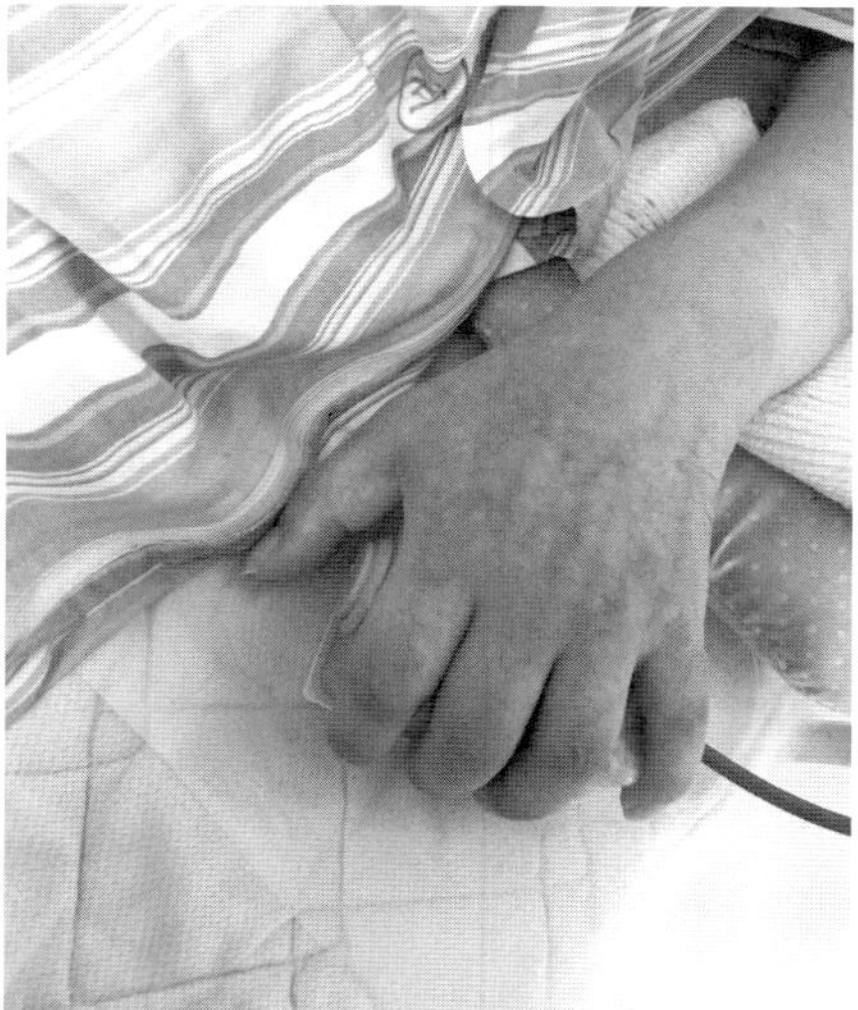

ナースコールを手もとに置いて

諸行無常

「諸行無常」という言葉を皆さんもよく耳にされると思いますが、この言葉をご縁として、話をしてまいりたいと思います。仏教の中心となる言葉に三つの教えの印《しるし》ということで「三法印」がありますが、その第一番目にあげられるのが、この「諸行無常」です。二番目は「諸法無我」、三番目は「涅槃寂静」です。「諸行無常」の諸行とは、ありとあらゆるものということで、ありとあらゆるものは無常である、そのままではないぞということです。

一番わかりやすい例が、いつまでも若いままでいたいが、歳をとっていかなければならない。いつまでも健康でありたいと願いながらも、生身の体を抱えていれば病気をします。また、生まれた以上は必ず死んでいきます。生まれたということがあれば、老・病・死を避けて通ることはできません。だれも同じことです。そういうことを人ごととしては知っているのですが、自分のこととしては取り上げようとはしない、考えようとしないのが、いまの私たちの毎日であるように思います。蓮如上人の、

われや先《さき》、人《ひと》や先《さき》、今日《きょう》ともしらず、明日《あす》ともしらず

（五帖目第十六通、『註釈版聖典』一二〇三頁）

という『御文章《ごぶんしょう》』白骨章《はっこつしょう》のご文がありますが、私も本当にそうだなということを、つくづく感じさせられたことがありました。

十年ほど前のことです。夕方、お風呂に入りまして、ちょっと湯船から出て体を擦《こす》ろうと思い、洗い場に出たことは覚えていますが、そこで倒れて、わからなくなってしまいました。ひょっと気がついて、なんとか外の人に知らせて

救急車で運んでもらいました。原因はお腹の動脈の破裂で、約三リットルほど出血しました。私たちの体には体重の約八パーセントほどの血液が流れていますから、三分の二くらいは失血してしまったことになります。そうなりますと、もう目は見えません。心臓も動いたり止まったりで、血圧もないような状態になってしまいました。

救急の処置室に運んでもらい、先生が走ってこられる。目も手も全然動きませんが、耳だけは聞こえます。笑い話のようになりますが、先生が付き添いで来たものに、「こっち、こっち」と呼んでいる。何かなと思ってと聞いていたら、「いまだったら聞こえると思いますので、言うことがあったら言っておいてください」。私はもうだめだということを言われているんです。手術から三日ほどして、ＩＣＵ（集中治療室）から一般病棟に移りましたが、そのときに先生が来られて、「あんた、よく生きたな」と聞かせてもらいました。

一般病棟の病室では、私の前のベッドの上で、男の人がショボンとしておられました。

話をしてみると、がんの手術をするということで、本当に落ち込んでおられました。そのとき、私は「もうちょっとのところで死ぬところだった」と自分の話をして、「あなたはいま、死ということを考えざるを得ない病気と言ったが、あなた、よかったなあ」と言いました。

そうしたら、その男性は怒りだして、「なんで死ぬのがいいのか」と言われました。私はただ単に死を賛美して、そう言ったのではないですね。「死があるからこそ、残された命を大切に生きられるのではなかろうか。死を考えざるを得ない病気をいただいたと味わったとしたら、残された命が大切になるんじゃないだろうか。一年か、あるいは三年かわからないが、あなたには残された命がある。人間は必ず死んでいくのだから、だったら、がんを通してしっかりと生きてくれよというご縁をいただいたと味わったら、どうでしょうか」と話しました。

身心一如の医療

いまの日本の医療技術は素晴らしくて体は診《み》てもらえるのですが、心を忘れた医療になりました。治療を受けながらも、悩みながら苦しみながら生きていかなければならない状態が出てきてしまいました。医療だけではなく、最近、家庭にお参りさせてもらっても思うのですが、本当に孤独になりました。孤独になったがために話を聞いてくれる方がいないのです。心から話すことがない。そういう状態が出てきてしまいました。

「ビハーラ花の里病院」という病院が、広島県三次市にあります。「ビハーラ」とは、昔、インドで使われていたサンスクリット語で、安らぎの場所と訳します。ビハーラ活動は全国に広がっていますが、私もこの病院でお世話をさせていただいております。病院を入って左側に本堂があり、そこでは讃仏歌《さんぶつか》が常時流れています。毎週水曜日の午後三時から、ここでご法話があります。いま、私たちの生活のなかで安らぎの場所をどれくらい持っているか。それを言われると悲しいことですが、だんだんなくなってきている。家庭でも安らぎの場所がなくなったと、言っても言い過ぎではない状態になってしまいました。

イギリスの医師で、シシリー・ソンダースという人に、ビハーラの勉強をしている方と一緒にお会いする機会がありました。この方は、現代ホスピスのプログラムを作り上げた方です。もう亡くなられましたが、「いまの医療は痛みをほとんど感じることがないくらい止められる。しかし、どんな医療をもっても、苦悩を止めることはできません」ということを、話されていました。ソンダースさんは、自ら聖クリストファー病院にホスピス病棟を開設された方です。やはり、身体と心とは別物ではなく、身心一如《しんしんいちにょ》です。このことを私たちもしっかりと考えていかなければならない、忘れてはならないと思います。どれだけもので栄えたとしても心で滅びたとしたら、貧しい一生涯になると思います。

癌告知のあとで

現在、がんで亡くなる方が三人に一人といわれていますが、葬式にお参りして感じるのは、実際には二人に一人くらいではないかということです。人ごとではなく、実は私の妻である坊守もがんで亡くなりました。

がんになったときに、まず最初に生じるのが「まさか私が」という思いです。妻はスキルス性胃がんでした。非常に悪性で、見つかったときには、もう助からないだろうと言われました。「まさか私が」です。では、その悩みをしっかり話し合うことのできる相手が、いまの私たちの毎日のなかにどれほどいるでしょうか？

その次の段階が「なぜ私が」という感情です。そして、そこを過ぎたときに、話し合いができる心の落ち着きが出てくるように思います。こうした動きを、しっかりと心に残しておいてもらいたいのです。そしてまた、だんだん鬱《うつ》に近い状態になってきます。しかし、そこでしっかりと受け止めてくれる相手がいれば、今度は死を通して生きる本質を考えるようになります。

だから大切なのは、ビハーラ活動をしている人、お坊さん、そして家族とのつながりだと思います。つながりがあれば、病気は人生を見直すチャンスとなるということです。こういう流れが、私たちの生活のなかにしっかりと大切に残っていかなければならないと感じます。

北海道の真宗大谷派の坊守であった、鈴木章子さんが書かれた『癌《がん》告知のあとで』（探究社刊）という本があります。鈴木さんは、一九八八（昭和六十三）年の十二月三十一日に亡くなられたのですが、その本のなかに、

癌

癌は
私の見直し人生の
ヨーイ・ドンのｇｕｎでした。
私　今　スタートします

（『癌告知のあとで』五四頁）

という詩がありました。このｇｕｎというのはピストルのことです。

鈴木さんには、住職である夫と四人のお子さんがおられます。ご長男にお会

いしたときに、非常に心に残る言葉を聞きました。「私は、お母さんの往《い》ったところに行きたいと思った。だから私はお念仏を聞かせてもらうんだ」と。私はお母さんの往ったところがどこであっても、お母さんの往ったところに行きたいんだ、という言い方をされていました。いま、私たちの生活のなかで、どれだけお母さんが往ったところに行きたいという子どもがいるでしょうか。その鈴木さんの口癖が「帰るところは皆一つよ」という言葉でした。

かべ〈無量光明土〉

私の行方に
たちふさがっていた壁が
ナムアミダブツの
風に吹かれて

パタンとたおれたら
壁のむこうにも
広々とした
明るい道がありました
（『同』九六頁）

という詩もあります。ナムアミダブツというご縁に遇うと明るい道がありましたと味わっていかれたのが、鈴木さんの姿でした。また、次のようにがんを味わっておられる詩もあります。

癌

癌といわれて

死を連想しない人がいるだろうか
医学の進歩した現在
死と直面できる病に
仲々出会うことができない
いつ死んでも不思議でない私が
すっかり忘れて　うぬぼれていたら
ありがたいことに
癌という身をもって
うぬぼれを砕いてくれた
どうしょうもない私をおもって
この病を下さった
おかげさまで　おかげさまで

自分の愚かさが
少しずつ見えてきまして
今現在説法《こんげんざいせっぽう》の法座に
座わらしてもらっています

（『同』五〇頁）

私たちは毎日、楽しみはあっても、喜びのない一生涯になろうとしているのではありませんか。

願　い

死の別離の
悲しみのむこうに
大いなるふる里の灯が見える

慎介　大介　啓介
真弥《まみ》　あなた
この灯をめざして歩んで欲しい
あなた……
私の還ったふる里
子供達に　教えてあげて……

（『同』六五〜六六頁）

こうして鈴木さんは、お念仏を喜びながら、「人生はやり直すことはできないが、見直すことはできる」と、一日一日を一生懸命に生きていくことの大切さを、子どもさんにしっかり残しておられました。

亡くなる半月ほど前に、夫の鈴木真吾《しんご》さんが口元に耳を近づけてみたら、小さい声でこういうことを言っておられたそうです。

何も思い残すことはない
もう充分
啓介も……大介も……慎介も……マミも……あんたも
みんな南無阿弥陀仏

（鈴木真吾著『ガンは宝です―見直し人生のヨーイ・ドン』二二頁、具足舎）

乳がんが最初でした。そのあと全身にがんが回って、最後は脳腫瘍《のうしゅよう》になられます。脳腫瘍になって手術するかどうするかということになったとき、お念仏を喜ぶことができるのであれば、一日でもお念仏を喜びたいということで手術をされた。そういう毎日を、しっかりと子どもさんに残した方です。

妻の往生

私の妻は、二〇〇三（平成十五）年に亡くなりました。チベット旅行から帰国して二カ月ぐらいたったとき、ちょっと食事が食べにくいというので、胃カメラをのんで、さらに精密検査を受けました。長男がたまたま病院に行ったときに、その結果を聞いていたようですが、私たちは三日ほど待って、あらためて検査結果を二人で聞きに行きました。最初に私だけ呼ばれたものですから、先生に「検査の結果がどうであろうと、一緒に聞きます」と伝え、「カルテに書いてあるそのとおりを言ってください。そのために一緒に来たのですから」とお願いしました。結果は、「スキルス性胃がんで、かなり進行しています」ということでした。ここから先は大きい病院へということで、広島大学病院での治療が始まりました。

告知は、一番初めが大切です。そこでごまかしたら、最後まで疑われます。どれだけ途中で訂正しても最期まで信用してもらえません。

スキルス性胃がんは、胃の壁のなかをがんが冒《おか》す病気です。健康な人の胃の壁は五ミリくらいだそうですが、このがんになると壁がだんだん厚くなって、食べても胃が膨《ふく》らまなくなる。ですからだんだん食べられなくなって、本当に筒状になってしまいます。妻の胃で一番厚かった部分は二センチほどだったそうです。抗がん剤である程度症状を抑えて手術をしました。胃を全部切除し、食道と腸をつなぎました。

このときに妻が言ったのが、「このごろは、テレビは食べることばっかり。私はあのテレビが一番嫌い」という言葉でした。しかし、一日一日を大切に、一生懸命に生きてくれました。ですから、私と「あなた、あと何カ月くらいしかないよ」という話ができたのです。

「最後に行ってみたいところはないか」と聞いたときに、「それじゃもう一回、ハワイに行きたい」と言うので、連れて行きました。亡くなる一カ月前でした。そのあとには、近くのお寺の坊守たちが集まって、最後になるかもしれないので、一緒にご飯を食べに行きましょうということになりました。食べられるわけではなく、自動車に乗ることすら難しいのですが、「行くんだ」と言って出かけて行きました。

そのあと、私は常例法座のご縁で、講師として東京の築地本願寺にまいりました。しかしそのとき、家族から妻が寺で転んだので入院させました、という電話がかかってきました。本人と代わって話をしてみましたが、どうもいままでとは違うと思いましたので、次の日からご法座の講師を代わっていただいて、私は自宅に帰りました。

病院でベッドの枕元まで行って、「おい、帰ったよ」と言いましたら、「築地の方はいいんですか」と言います。「築地の方は代わってもらったから、いいよ」と言ったら、「あ、そうですか」と安心したような顔をして、寝ておりました。その日に目を覚ましたときに、「最後に、皆さん方に最後にひと言」と言いますので、ビデオを回したんです。「ありがたい人生をいただきました。皆さん、ありがとうございました。……」という感謝の言葉でした。

そして、明くる日になりました。それは亡くなった日なのですが、「私は笑顔を残しておきたいから、もう一回ビデオを回してくれ」と言うので、最期のビデオメッセージを撮りました。「最後の笑顔に……。一生懸命、笑顔を作ります。皆さん、ありがとうございました。さようなら。一生懸命の笑顔です。さようなら　さようなら　さようなら。はいっ」。

それからちょっとして亡くなりました。

人生を生きぬく支え

私には、ある法話で聞かせていただいた詩が心に残っています。

人の世は　上見れば上で　下見れば下で　限りなし
吾《わ》れ　半身不随《ふずい》なれど　いまだ右手あり　耳あり　右足あり
吾れ　脳腫瘍なれど　いまだ味あり　色彩あり　音あり
声あり　言葉あり　匂いあり
それもやがて消えゆく身なれど
尚《なお》念仏あり　み仏あり　大悲あり　浄土あり
吾れ　尚　仕合わせなりき

（武内キヌエ）

脳腫瘍で亡くなった方の詩です。全部、「あり、あり、あり」で進んでいます。非常に前向きです。

私たちはどうかすると、こうなってきたときに、がんは恐ろしい、左側が動かないしと、動かない方を出したいですが、そうではない。「私にはまだ右がある、まだまだ色を見ることも、言葉で話をすることもできる。それもだんだんだめにはなるが、やがて消えゆく身だが、私には念仏あり、大悲あり、如来あり、浄土あり、吾れなお仕合わせなりき」と、私は幸せ者だと非常に前向きの力強い生き方をしておられるのが、この方だと思います。

私たちのお念仏は、こうして前向きに力強く生きていく支えです。念仏を子や孫に残していくことの大切さ。この念仏の教えを、しっかりと心にとどめてもらいたいと思います。仏教は身心一如の教えであることを心のなかに残していただいて、お念仏のなかに生活を送っていただきたいと思います。

第五章　病に生きる

―もう一つの闘病記―

深水顕真

手術後、運動会で孫の手を引いて

がんと共に生き、がんを生き抜いた二年間

秋晴れの本当にさわやかな日でした。あるご住職は、「多くの葬儀に参ったことがあるが、こんな葬儀は初めてだ」とおっしゃいました。私を含め、多くの人が涙し、思い出を語り、ほほ笑み合う、そんな葬儀でした。二〇〇三（平成十五）年十月二十四日。この日は、五十八歳で往生の素懐《そかい》を遂げた、母・深水洵子の人生の集大成としての葬儀の日でした。

母は、坊守として、念仏者として、五十八年間で多くのご縁をいただきました。それ以上に、スキルス性の胃がんが見つかってからの二年間は、自らの命によって、生きることの意味と、浄土という往くべき世界を持つものの強さを、メッセージとして示してくれました。その生き方すべてが、あの秋晴れのお葬式に結実したのだと思います。

参列したすべての人が驚いたのは、亡くなった本人がお礼を申しあげたことです。もちろん、亡くなった本人が現れて、お礼を述べることはできません。その代わりに、ビデオメッセージの形でお礼を述べたのです。最初のビデオは亡くなる二日前のメッセージ、もう一つのメッセージは亡くなる半日前のものでした。

往生する直前にこうしたメッセージを残すことができたのは、ある意味、幸運もあったと思います。すでにがんは全身に転移し極度に衰弱していましたが、意識障害もなく、最期のときまでさまざまなことを考え、しゃべることができました。そして、念仏者としての集大成となるメッセージを、私たちに残してくれました。

【亡くなる二日前のメッセージ】

得難い人生をいただきました。ありがたい人生をいただきました。阿弥陀如来さまに感謝、合掌。

家族のみんなに親切にしていただきました。ありがとうございました。感謝、合掌。

周りの方々、いっぱい、いっぱいの知人、友人。私をサポートしてくれた、たくさん、たくさんの方々。本当に、本当にありがとうございました。

とても楽しい人生を送らせていただきました。よく食べました。よく笑いました。よく見ました。よく歩きました。本当に充実した人生でした。皆さんありがとうございました。

地獄一定《いちじょう》の私が、お浄土へ救っていただけるかもしれません。ありがたいことです。一足お先に参ります。
どうぞ皆さん、よろしくお願いいたします。ありがとうございました。
感謝、合掌。なまんだぶつ、なまんだぶつ。

【亡くなる半日前、最期のメッセージ】

いよいよわたくしの最後の笑顔に……。
一生懸命、笑顔を作ります。
皆さん、ありがとうございました。
さようなら。近ごろはピースも裏側なんです。
(手を正面に向ける体力がないため)
一生懸命の笑顔です。

さようなら　さようなら　さようなら。

はいっ、ＯＫ。

最期の一週間、私は病室での様子を残そうと、ビデオカメラを持ち込んでいました。そのカメラを見つけた母が、「いまならメッセージが残せるから」と言い、カメラの前でしゃべり始めたのが最初のメッセージでした。そのメッセージのあと安心したのか、夜にかけて容態が悪くなりました。

しかし、翌日の夕方には再び「ビデオを向けて」と言うのです。「昨日のメッセージには笑顔がなかった。最後のメッセージは笑顔で残したいから…」。そう言って再びベッドの上で撮影し、翌朝に往生いたしました。

母にとって、このメッセージは決して特別のものではありませんでした。それは、がんを抱え死と向き合いながらも、当たり前の日常のように淡々と過ごした日々の延長線上にあったからです。私は、その自然体を支えたのは、念仏者としての強さであったと思っています。

これからしばらく、がんという病を抱えながら、母が示してくれた念仏者としての生き方をたどっていきたいと思います。

スキルス発見

病は突然やってきました。二〇〇一（平成十三）年十月、地元の仏教婦人会大会に参加した母は、昼食に出された弁当を完食することができませんでした。それ以来、だんだんと食事がのどを通らなくなっていきます。食後にソファーにうずくまって苦しむこともしばしばでした。

その様子を見かねて、「一度、胃カメラでも飲んでみたら」と家族が勧めると、何のためらいもなく検査に出かけました。そして、たまたま病院を訪れていた私が、その検査の結果を、主治医から最初に聞くことになりました。

「先日の検査の結果ですが、お母さんのお腹のなかにがんが見つかりました」

私はその言葉に対して、

「がんは小さかったですか、初期でしたか」

と問い返しました。すると先生は、

「がんは……小さいですね」

一瞬、安心したのですが、この返答には大きな意味がありました。母が患ったスキルス性胃がんは、かつてテレビで活躍した逸見政孝《いつみまさたか》さんの死因として非常に有名になった病気です。通常のがんは、おできのようにこぶを作っていくのですが、スキルス性のがんは、細胞が薄くどんどんと広がっていきます。胃にできたがんは、胃袋の組織の内側で増殖して、これ以上広がる場所がなくなったとき、表面に現れてきます。

主治医の言葉にあった「がんは……小さいですね」という返答は、初期であったということではなく、胃カメラで見えるところは「小さい」ということだったのです。つまり、これ以上広がるところはなく、ついにがんが表皮を破って顔を出しているという状態でした。この段階で、すでにがんは胃袋全体を覆い、その結果として胃が硬くなったために、食事がのどを通らなかったようです。

早速、広島市内の大きな病院を紹介いただき、手術を視野に入れた検査が始まります。しかし、がんはすでに進行しており、手術は難しいだろうということでした。母は、そうした医師からの説明を淡々と受け止め、「では、どのような治療が可能なのか」と問いかけていました。

「体が元気なうちに抗がん剤を使いましょう。新しいよく効く薬なので、効果が期待できると思いますよ」

そして、抗がん剤の治療が始まりました。入院して最初のうちは相変わらず食事がのどを通らなかったようですが、次第に効果が現れ、ご飯が食べられるようになってきます。食欲不振や脱毛などの副作用もほとんどありませんでした。

家族が抗がん剤の効き目を感じたのは、ベッドに本人がいないことからでした。あるとき病院に行くと、母がベッドにおらず外出していました。しばらくたつと、本人がパジャマではなく、普通の服装で帰ってきます。

「どこへ行っていたの？」

「調子がよかったから、外までランチに出かけていた」

と言うではないですか。

「そんな入院中に、外でランチとかいいの？」

「だって、いまのうちに、食べられるときに、食べとかなくちゃ」

〈病気になったことを悔いるのはもったいない。いまできることをしっかりとやり、一日をしっかりと生きる〉という母の二年間の闘病の姿勢が、このころから現れていたと思います。

十二月の入院から約二カ月が過ぎたとき、主治医との話し合いがありました。先生は、抗がん剤が非常に効果を発揮して、がんが三分の一まで小さくなっていること。一方で、副作用として白血球が減少していることを挙げ、今後の治療の方向性を話されました。

「手術ができるのなら、早く切ってください。がんがお腹にあるのはどうも気持ち悪くて」

「わかりました。それでは手術することにしましょう」

本人も家族も、手術によってがんは治ると思っていました。しかし、この手術ではがんを完治させることはできず、母に新たな苦しみをもたらしました。

四つの山を越えて

手術は新たな苦しみの始まりでした。スキルス性胃がんの根治を目指した胃の全切除によって、母は再び食事がのどを通らなくなったのです。何度も食事をもどしていました。そんななかでも、母は「がんがなくなったし、痩《や》せてきれいになるから」と、軽口を言っていました。

しかし、手術から一年がたったときの再検査で異変が見つかりました。がんが再発し、転移していたのです。これによって根治は不可能となり、残された時間をいかに過ごすかという、ターミナルケア（終末期医療）へと移行していきました。この段階で、母は食事が十分にできなかったことやがんの影響で、元気だったときの半分の体重となっていました。しかし、母はこうした病状を淡々と受け止め、いまなら何ができるかを考えて、残された日々を過ごしていきました。そして、最期の瞬間に撮ったのが、ビデオメッセージだったのです。

母の葬儀が終わり、多くの方から「すごいビデオを見せてもらいました」「あんなメッセージは私にはできません」「たぶん、坊守さんだからできたのでしょう」といった言葉をいただきました。しかし、そうした言葉に対して家族には違和感が残りました。これまでの母の人生と、その母の二年間の闘病を一緒に過ごした家族にとって、ごく普通のことを当たり前にやった結果が、あのビデオメッセージとして遺されたと思っています。

ただ、母はあのビデオに行きつくまでに、がんを受け止めるための四つの山を乗り越えていきました。その第一が、「倶会一処《くえいっしょ》」（ともに一処《いっしょ》に会《え》する『阿弥陀経』、『註釈版聖典』一二四頁）ということです。メッセージにもあるように、自分はお浄土に往くのだということを、ある意味確信していました。どのような人生であっても、最後は阿弥陀さまの願いによってお浄土に往くという確信です。

第二の山が、「私は死ぬ」という気付きです。この闘病では、母の希望や父の思いもあって、すべてを告知してきました。スキルス性のがんであるということだけではなく、それがどれほど悪質ながんであるか、また、どこまで進行しているのか、生存率はどれほどなのか。一切の隠し事なく、この病気について告知をしてきました。最後の段階では、自身の葬式をどのようにしたいかといったことまで一緒に話をしました。がんとわかった段階から、充分に「私は死ぬ」ということを理解していたと思います。

さらに、この「私は死ぬ」という地点にとどまらなかったところが、母のすごさです。「私は死ぬ」というこの言葉は、「人間はいつか死ぬ」という言葉へと展開していき、そして「誰もが死ぬ」という着地点を見せました。母は、「なんで私だけがこんな病気になったか、そんなこと一度も思ったことがない」と言ったことがあります。「私だけが死ぬ」のではなく、「誰もが死ぬ」命を抱えて生きている、このことへの気付きが第三の山でした。

そして母は、この「誰もが死ぬ」という状況を、決して悲観的には受け止めませんでした。むしろそれを肯定的に受け止めたのです。つまり、「私を含め、誰もが死ぬ。誰もが臨終を迎える。しかし、いまにも死にそうということは、まだいまは生きている」と捉えたのです。その結果、「いまは生きているのだから、いまできることをしよう」と考えました。これが第四の山です。

そして、この四つの山を乗り越えていったのが母の闘病であり、それは最期のビデオへつながっていきました。

蓮如上人は『御文章』白骨章に、

されば人間《にんげん》のはかなきことは老少不定《ろうしょうふじょう》のさかひなれば、たれの人《ひと》もはやく後生《ごしょう》の一大事《いちだいじ》を心《こころ》にかけて、阿弥陀仏《あみだぶつ》をふかくたのみまゐらせて、念仏《ねんぶつ》申《もう》すべきものなり。

（『註釈版聖典』一二〇四頁）

と、死を嘆き悲しむことより、死に向けてどのように生きるかを心にかけることの大切さを述べておられます。母の生き方もまさにここにあり、阿弥陀さまの願いのなかに生きているのだから、死を嘆くのではなく、いまできることをやるべきであると私たちに示してくれました。

我や先、人や先

母は、何事にも話に〈落ち〉をつける癖があったように思います。がん末期の苦しい体調のなかでも常に〈落ち〉を意識したように、ときには笑いをともなって生きることの意味を伝えてくれました。

最後のメッセージビデオだけを見ると、高潔な人生を全うしたように見えますが、決してそうではありませんでした。手術後、月に一度の定期検診では、私の妻を運転手にして出かけ、ランチとデパートでの買い物を常としていました。食べることは好きでしたが、手術後はそんなに食べることができません。当時は、「体調が悪いときは、高級なものを少しだけ食べるようにしている」と言い、周りをあきれさせていました。

また、食事のあと、デパートで洋服を買うこともしばしばでした。健康なときと比べて体重が約半分になったため、それまでの洋服を着ることができません。それを理由に、いろいろな洋服を購入したものです。がん末期の状況でも、次の季節に着るための服を選んでいたこともあります。本人にとってはそれも生きがいだったのでしょうが、経済的には好ましいものではありませんでした。

印象深い出来事としては、ベッドで「死んでも死に切れん」と言い出したことです。何か恨み言でも言うのかと、びくびくしながら「どうしたの？」と聞くと、「これまで国民年金をかけてきたのに、一円ももらわずに死ぬのは、ほんと死に切れん」と、周りを笑わせたこともあります。

がん患者として母を捉えると、これらの行動は奇異なものに見えるかもしれません。しかし、日常の延長線上としてそれを捉えるなら、凡夫《ぼんぶ》としてのありのままの姿が、闘病のなかにも現れていたといえるでしょう。これらの行動を通して、母は「病気を抱えていても、決して特別ではない。涙で悲嘆に暮れる必要はない」ということを、エピソードの〈落ち〉として私たちに教えてくれていました。

母のそうしたエピソードのなかで、最も印象に残った出来事があります。あるとき私が病院を訪れると、お見舞いに訪れた母の友人がベッドサイドで話をしていました。しばらく話をしておられたのでしょう、私の顔を見ると、

「そろそろ私は失礼します」

と席を立たれました。

「それじゃ、エレベーターまで」

母も点滴を腕につけたまま、ベッドから立ち上がりました。二人が長い廊下をたわいもない話をしながら歩くのを、私も後ろからついて行きました。エレベーターホールに到着し、ボタンを押して位置を示す点滅が近づいてくるのを見たとき、母は急に手をだして、その友人に握手を求めました。

「今日はありがとうね。できれば生きてまたお会いしたいものですね」

この言葉を聞いたとき、その女性は急に涙ぐみながら、

「何を言うの。大丈夫だから、きっと大丈夫だから、弱気になったらだめよ」

と言います。

すると、その湿っぽい雰囲気を察したのか、母は、

「何を言ってるの。私は大丈夫だから、あなたこそ、私が退院するまで元気でいてね」

と切り返します。

この言葉に急にその場は和《なご》み、

「ははは、私のことなのか」

と笑いながら、友人はエレベーターに消えていきました。

この場面は、お見舞いの意味を私にあらためて突きつけました。先ほどの『御文章』白骨章で、

われや先《さき》、人《ひと》や先《さき》、今日《きょう》ともしらず、明日《あす》ともしらず

（『註釈版聖典』一二〇三頁）

と、私たちは聞かせていただいています。しかし、いざお見舞いの場面になると、「私は元気だけれども、入院患者は死に面している人」という先入観から抜け出すことができません。

けれども、私たちはいつ何があるかわかりません。その意味では、お見舞いの人も入院患者も同じく「臨終の人」といえるでしょう。これこそが、阿弥陀さまの願いのなかに生かされる同朋・同行の姿だと、この母のエピソードの〈落ち〉は教えてくれました。

有無の邪見

母の闘病は、ある一面では、生死のなかでもがき、それを乗り越えていくものでした。言い換えるなら、命への執着と、その執着からの救いを見出し、最後のビデオメッセージへとつながる道程でもあった、ということができます。それは一緒にいた家族にとっても同様でした。

「少しでも長く」「少しでも多く」―命の長さだけではなく、私たちはさまざまなものにそうした欲望を持っています。しかしこの欲望は、人間の抱える苦しみの源泉でもあります。親鸞聖人が七高僧の筆頭に挙げられる龍樹菩薩《りゅうじゅぼさつ》は、釈尊の教えを受け継がれるなかで、この人間の苦しみの源泉を「有無の邪見」と断ぜられ、それを「破すべし」とされておられます。そのことを親鸞聖人は、『高僧和讃』で次のように讃えておられます。

南天竺《なんてんじく》に比丘《びく》あらん
龍樹菩薩《りゅうじゅぼさつ》となづくべし
有無《うむ》の邪見《じゃけん》を破《は》すべしと
世尊《せそん》はかねてときたまふ

（『註釈版聖典』五七八頁）

お釈迦さまの説かれた仏教の原点は「有無の邪見」、つまり有ること無いことに執着する煩悩の苦しみを乗り越えることといただくことができます。そして、親鸞聖人は究極の救いとしての本願力を見いだされました。

母も闘病中、ある一面では有無にこだわっていました。そして、もがいていました。かつて通い続けていた磁器の絵付け教室に、また通いたいというのです。手術後でもあり、体力が落ちているから大丈夫だろうかと心配をしたのですが、本人は「生きている証《あかし》を残しておきたい」と、教室に通いました。再入院まであまり多くの回数ではありませんでしたが、いくつかの作品を残しています。

しかし本音のところ、それらの作品は、決して趣味のいいものでありませんでした。花柄と星形、ハート形の合体など、決してほめられたデザインではないものを、本人は喜々として製作していました。

「もう少し落ち着いたデザインならお客さんにも出せるのに」と家族が言うと、

「そんな落ち着いたものなら、お店で買えばいいじゃない。私でないと作れないものを残さないと」と意に介しません。

このようにして残された作品は、病気と共に生きた母の姿を、あらためて私たちに思い出させてくれます。この絵付けの作品を作ることで、母は自分の生きた証を「有」として残そうとしました。しかし、いくら「有」を積み重ねても、最終的には「無」へと帰っていきます。

例えば、母を直接知っている私たちは、それらの作品を見ると母の闘病の姿を思い出すことができます。しかし次の代では、この形としての生きた証は「ガラクタ」にしかならないことでしょう。つまり、生きた証を残そうとする母の行為は、「有無の邪見」のもがきでした。

こうした苦しみは、私たち家族にもありました。母が亡くなったあと、主治医の先生を訪れたときのことです。先生が、「あのとき、抗がん剤を止めて手術にうつったのがよかったのか、悪かったのか……」と、ぽつりとつぶやかれました。確かに、手術前に使っていた抗がん剤は大きな副作用もなく効果を発揮し、もう少しでがんがなくなるほどでした。一方で手術後は、胃の切除によって飲食ができない苦しみを抱えていました。この主治医のつぶやきは、家族の心を揺らしました。ひょっとしたら抗がん剤でがんが消滅していたかも…。

また手術しても死ぬのなら、手術はしない方が苦しくないだけでもよかったのでは……。戻れない手術前を思い出して、その選択に苦しむ。まさに有無のはざまでの苦しみです。

しかし、あらためて母の姿を思い起こすと、最後にはそうした有無の迷いは乗り越えていたようにみえます。長い短い、早い遅い、そして楽しい苦しい等があっても、最後にはお浄土に参るのだから。有無を打ち消すのではなく、阿弥陀さまの願いに気付き、まかせる。そのことの大切さを、母は闘病のもがきのなかで出遇い、私たちに教えてくれました。

頑張るターミナル

母は最期の瞬間まで、人として、念仏者として、しっかりと生きました。

亡くなったあと、枕元に一冊の手帳が残っていました。この手帳には、日々の病状などが書き込まれていましたが、後半の部分には、いまの心境をつづった多くの和歌とともに、家族に向けた「自分の葬儀・法事」の指示書が書かれていました。例えば、葬儀はどのようにしたいのか、法事に誰を呼ぶのか、お斎《とき》(食事)について等、それは多岐に及んでいました。記念品については、「センスがよく、邪魔にならないもの」との記述があり、残された家族へ一笑をもたらしました。

そして、この手帳には一枚のはがきが挟まっていました。それは、私が見舞いのために書いたはがきでした。実は、母のがんが見つかってしばらくして、私は娘といっしょに、宮崎駿《はやお》のアニメ「千と千尋《ちひろ》の神隠し」を観にいったことがあります。そして、「いつも何度でも」という主題歌が心に留まりました。非常に気に入った私は、二番の歌詞の一節をはがきに書いて、母への見舞いとしました。

生きている不思議　死んでいく不思議
花も風も街も　みんなおなじ
（覚《かく》和歌子作詞・木村弓《ゆみ》作曲）

単なるアニメの主題歌とすれば、大した意味はないかもしれません。しかし、僧侶の私には「不思議」という言葉が心に残ります。親鸞聖人は「正信偈」の冒頭で、南無阿弥陀仏の六字の名号の意味を解説されています。

南無不可思議光《なもふかしぎこう》〈如来《にょらい》〉
（『日常勤行聖典』六頁）
（不可思議光《ふかしぎこう》〈如来《にょらい》〉に南無《なも》したてまつる。『註釈版聖典』二〇二頁、〈　〉内引用者）

これは、われわれの理解を超えた不可思議の光の仏（如来）に帰依するという意味です。つまり不可思議光とは、阿弥陀さまを表している言葉でもあります。私は、先ほどの歌詞にある「不思議」をあえて「阿弥陀さま」といただき、味わい直してみました。すると、

生きているのも阿弥陀さまのなか
死んでいくのも阿弥陀さまのなか
花も風も街も
みんなおなじく　阿弥陀さまのなか

となります。私たちは、人の命を〈生きている〉ときだけのものと考えてしまいます。しかしこのように読むと、生きているのか死んでいるのか、そんなこ

とは人間の価値観であって、仏さまには関係ない。生死を突き抜けて、阿弥陀さまは私を包み込んでくださるのだ、と味わうことができます。

母に送ったはがきには、先ほどの歌詞の原文と、「だから今日がありがたい」と一言だけコメントを加えて、送りました。阿弥陀さまがいまもこれからも一緒にいてくださるという、私の意図がたぶん通じたからこそ、闘病の間、肌身離さず、枕元にそのはがきをずっと置いていてくれたのだと思っています。

近年見られるターミナルケアの文献のなかでは、苦しまずに死を迎える、つまり「頑張らない最期」が説かれています。しかし、母の場合は人間として苦しみながらも、坊守であり、念仏者であろうともがいていました。ビデオからもわかるように、最期の瞬間まで頑張っていたと思います。この姿は、いまのターミナルケアの理想からはかなり外れた、ストレスのある最期のように思えます。

しかし、本人はある意味、この最期に満足していたのではないかとも思っています。それは、死によってすべてが終わるのではなく、その先に残るものを本人も家族も意識していたからでしょう。最期の一週間、ベッドの上で着ていた寝巻の裾《すそ》がちょっとでも乱れると、それを直しながら、「上品に、上品に」と口癖のように言っていたのを思い出します。専正寺の坊守である深水洵子が、念仏を通して死をどのように受け止めたのか、その姿をもがきながらも残していこうとしていました。

母の死を仏教的な味わいとともに、こうして文章にまとめました。確かに、母の肉体はすでに消滅しました。しかし、往生した母の命は私たちを仏教へと導きながら、いま、ここに生きています。この姿は、単に苦しまない最期ではなく、もう一つの頑張るターミナルの姿でもありました。

刊行にあたって

現在の専正寺の坊守である美樹《みき》と結婚して今年で二十二年となります。以来、母の胃がん、祖母世代二人、そして父のＡＬＳと、看病と介護の日々を一緒に過ごしてくれました。病人を抱える家族の負担は決して少ないものではありません。そうしたなかでも、家族が暗く沈むことなく、何かにつけて明るく笑い飛ばすこともできたのは、看護師でもあった美樹の存在も大きかったと思います。

また、和泉先生をはじめとする、ビハーラ花の里病院の皆さまにも現在進行形でご助力いただいております。さらに刊行にあたっては、本願寺出版社の皆さまにも多大なご尽力をいただきました。これらの関係者にこの場を借りてお礼申しあげます。

二〇一九年二月

顕真 記す

初出一覧

・難病ALSと生きる

二〇一七（平成二十九）年十一月八日、ビハーラ花の里病院での院内研修講演「空しく過ぐる人ぞなき―難病ALSと念仏に生きる―」を、加筆訂正の上、「大乗」二〇一八年一月号に掲載。さらに今回収録。

・「ありがとう」と生きぬく

二〇一八（平成三十）年一月三十一日、ビハーラ花の里病院法話会での法話「空しく過ぐる人ぞなき―難病ALSを「ありがとう」と生きる―」を再構成、加筆修正の上、「大乗」二〇一八年四月号に掲載。さらに今回収録。

・ほんものの救い

深水顕真による筆記録を「大乗」二〇一九（平成三十一）年一月号に特別寄稿「念仏は最強の本物の救い―難病ALSと念仏に生きる―」と題して掲載。今回加筆訂正の上、収録。

・家族を看取るなかで

二〇一四（平成二十六）年一月十三日、西本願寺での御正忌報恩講特別講演「諸行無常」を筆耕し、加筆訂正の上、収録。

・病に生きる ―もう一つの闘病記―

深水顕真により、「大乗」二〇一六（平成二十八）年二月号から七月号まで「病に生きる」のシリーズとして連載。今回、加筆訂正の上、収録。

〈著者紹介〉

深水正道（ふかみず・しょうどう）

1941（昭和16）年生まれ。龍谷大学文学部真宗学科卒。本願寺派布教使。広島県三次市・専正寺前住職。

深水顕真（ふかみず・けんしん）

1970（昭和45）年生まれ。九州大学大学院文学研究科博士課程満期退学、広島大学大学院社会科学研究科博士課程満期退学。広島文教大学非常勤講師、本願寺派布教使、専正寺住職。

獅子吼《ししほ》ゆるごとく ―ビハーラに生きALSと歩む僧侶の記録―

2019年5月21日　第1刷発行

著者　深水正道　深水顕真

発行　本願寺出版社
〒600-8501　京都市下京区堀川通花屋町下ル
浄土真宗本願寺派（西本願寺）
TEL 075-371-4171　FAX 075-341-7753
http://hongwanji-shuppan.com/

印刷　株式会社 図書印刷 同朋舎

日本音楽著作権協会（出）許諾第1904636-901号
定価はカバーに表示してあります。

ISBN978-4-86696-001-2 C0015　BD03-SH1-①50-91